RÉPUBLIQUE FRANÇAISE

MARINE NATIONALE

NOTICE

RELATIVE AU COFFRE À MÉDICAMENTS

POUR TORPILLEURS

(Circulaire du 20 juillet 1906)

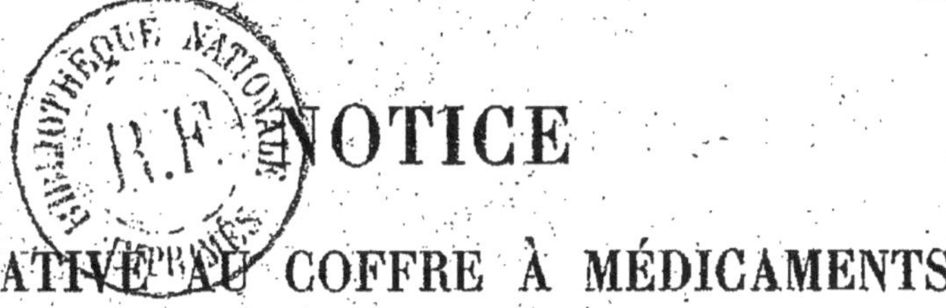

PARIS

IMPRIMERIE NATIONALE

MDCCCCIX

Nº 5177 DE LA NOMENCLATURE DES DOCUMENTS

NOTICE

RELATIVE AU COFFRE À MÉDICAMENTS

POUR TORPILLEURS

(Circulaire du 20 juillet 1906)

350 PARIS

IMPRIMERIE NATIONALE

MDCCCCIX

N° 5177 DE LA NOMENCLATURE DES DOCUMENTS

INSTRUCTION MÉDICALE

POUR SERVIR DE GUIDE

AUX COMMANDANTS DES TORPILLEURS ET SOUS-MARINS.

Cette instruction comprend trois parties :

La première indique :

1° L'énumération des médicaments, objets de pansements et objets divers renfermés dans le coffre pour torpilleurs et sous-marins;

2° L'arrimage de ces objets et le diagramme du coffre ;

3° Les précautions à prendre pour le renouvellement de l'approvisionnement de ce coffre.

La deuxième est une instruction médicale sommaire relative à l'emploi des substances médicamenteuses.

La troisième indique la conduite à tenir en cas de plaies légères, contusions, entorses ou d'accidents graves, fractures, asphyxie, coup de chaleur, brûlures.

PREMIÈRE PARTIE.

COMPOSITION DU COFFRE À MÉDICAMENTS POUR TORPILLEURS ET SOUS-MARINS.

| NUMÉROS | | DÉSIGNATION DES OBJETS. | ESPÈCES DES UNITÉS. | QUANTITÉS. |
COLLECTIFS.	SIMPLES.			
191	152	Coffre à médicaments pour torpilleur, garni.		
185	12²	Coffre à médicaments pour torpilleur, vide..	Nombre.	1
		USAGE EXTERNE.		
27	71¹	Vaseline blanche......................	Kilogr.	0,060
186	323	1 pot en faïence à onguent cylindrique de 9 centilitres.		
30	9	Acide borique cristallisé (paquets de 30 gr.).	Idem.	0,300
30	25	Acide picrique pulvérisé.................	Idem.	0,024
186	32	1 flacon carré bouché à l'émeri, large ouverture, de 3 centilitres.		ʀ
30	185¹	Tube de 20 comprimés de 0 gr. 25 de bichlorure de mercure (colorés en bleu) inséré dans un étui-carton	Nombre.	1
184	15	Alcoolé d'iode	Kilogr.	0,060
186	32	1 flacon carré bouché à l'émeri, large ouverture, de 6 centilitres.		
184	45	Moutarde en feuilles..................	Feuilles.	10
184	48	Sparadrap diachylon..................	Mètre.	1
184	152	Solution d'acide picrique (à 24 gr. acide pour 30 cent. d'alcool à 95°)	Litre.	0,60
186	45	2 flacons ronds bouchés à l'émeri, ouverture ordinaire, de 30 centilitres.		
184	ʀ	Solution de bichlorure de mercure au millième..............................	Kilogr.	0,250
186	22	1 flacon carré bouché à l'émeri, ouverture ordinaire, de 25 centilitres.		
191	87	Épingles de sûreté (boîtes de 12)........	Nombre.	6
191	96	Coton cardé supérieur (paquets comprimés de 100 gr.)......................	Paquets.	3

NUMÉROS		DÉSIGNATION DES OBJETS.	ESPÈCES DES UNITÉS.	QUANTITÉS.
COLLECTIFS.	SIMPLES.			
191	99	Coton hydrophile. (paquets comprimés) { 250 grammes.....	Paquets.	10
		50 grammes.....	Idem.	5
191	104	Bandes roulées en toile purifiée de chanvre de $2^m5 \times 0^m04$ (paquets de 10)........	Idem.	1
191	116	Gaze non apprêtée { 1 mètre........	Idem.	2
191	116	et purifiée { 5 mètres........	Idem.	4
191	117	(paquets de) { 10 mètres........	Idem.	3
191	118	Grandes compresses	Kilogr.	0,500
191	124	Bandes roulées en coton, tissu fin, de $5^m \times 0^m05$ (paquets de 10)............	Nombre.	3
191	147¹	Bandages de corps....................	Idem.	3
191	"	Pansements { moyen..........	Idem.	2
		tout préparés, type { petit..........	Idem.	10
191	"	Tampons en gaze de $0^m06 \times 0^m06$ (paq. de 10)	Idem.	3

OBJETS DIVERS.

189	2¹	Ciseaux courbes sur le côté, à pointe mousse	Idem.	1
185	17	Spatule en bois (petite)................	Idem.	1
191	64¹	Bassin en tôle émaillée n° 1	Idem.	1
191	64⁴	Pinceau en blaireau, à pansement (petit)...	Idem.	1

USAGE INTERNE.

30	47	Chlorhydrate de quinine (paq. de 0 gr. 50).	Kilogr.	0,005
30	132	Azotate basique de bismuth (paq. de 2 gr.) .	Idem.	0,010
30	215	Tube de 20 gr. de comprimés à 0.30 de chlorate de potasse.....................	Nombre.	1
30	251	Sulfate de soude (paq. de 20 gr.)........	Kilogr.	0,200
183	78	Feuilles de thé	Idem.	0,040
186	31	1 flacon carré bouché à l'émeri, large ouverture, de 12 centilitres.		
184	129	Poudre d'ipéca (paquets de 1 gr.)........	Idem.	0,005
184	149	Laudanum	Idem.	0,030
186	119¹	1 flacon compte-gouttes de 30 grammes.		
		Inventaires	Nombre.	2
		Notice médicale....................	Idem.	1

DISPOSITION DES OBJETS.

Plan supérieur.

Étagère de gauche .

1ʳᵉ case. — 1 flacon de solution picrique.
2ᵉ case. — 1 flacon de solution picrique.
3ᵉ case. — Le flacon de solution bichlorurée.
4ᵉ case. — Le flacon d'acide picrique pulvérisé et l'étui à comprimés de bichlorure.

Étagère mobile de droite ;

1ʳᵉ case. — Le flacon d'alcoolé d'iode et le pinceau.
2ᵉ case. — Le pot de vaseline.
3ᵉ case. — Les paquets d'acide borique.

Compartiment central mobile :

Les dix paquets de pansements tout préparés, petits et les deux moyens, le rouleau de diachylon ; le paquet de bandes en chanvre, les trois paquets de coton cardé de 100 grammes et les cinq paquets de coton hydrophile de 50 grammes, les deux paquets de 1 mètre de gaze, les 500 grammes de grandes compresses, les dix feuilles de moutarde, le bassin en tôle émaillée, la paire de ciseaux, la spatule en buis, deux boîtes d'épingles de sûreté, les trois paquets de tampons ; la notice médicale et les inventaires.

Plan inférieur.

Étagère de droite :

1ʳᵉ case. — Le flacon de thé.
2ᵉ case. — Le flacon de laudanum.
3ᵉ case. — Les paquets de quinine, ipéca, bismuth, les comprimés de chlorate de potasse, chaque lot enveloppé séparément.
4ᵉ case. — Les paquets de sulfate de soude.

DIAGRAMME DU COFFRE.

PLAN SUPÉRIEUR.

1 flacon. Solut. picrique pour 2 litres d'eau.	**MATÉRIEL.** BASSIN EN TÔLE ÉMAILLÉE. SPATULE EN BUIS. — CISEAUX COURBES.	Teinture d'iode. Pinceau.
1 flacon Solut. picrique pour 2 litres d'eau.	*Objets consommables.* Bandes en toile de chanvre purifié de 2ᵐ50 × 0ᵐ04 (paq. de 10) .. Un.	
1 flacon. Sol. bichlorurée pour faire 1 litre solut. à l'usage.	Coton cardé supérieur (paquets comprimés de 100 grammes)... Trois. Coton hydrophile (paquets comprimés de 50 grammes)....... Cinq. Épingles de sûreté (boîtes de 12). Deux. Gaze purifiée (paq. de 1 mètre). Deux. Grandes compresses............ 0 k. 500. Moutarde en feuilles........... 10 feuilles	1 pot de vaseline.
Acide picrique pulvérisé. Comprimés de bichlorure.	Pansements { moyens...... Deux. tout préparés. { petits........ Dix. Sparadrap dyachylon........... Un mètre. Tampons de gaze de 0ᵐ06 × 0ᵐ06 (paquets de 10)............. Trois.	10 paquets de 30 grammes acide borique.

PLAN INFÉRIEUR.

PANSEMENTS DE RÉSERVE. Bandage de corps.... Trois. Bandes roulées en coton tissu fin de 5ᵐ × 0ᵐ05 (paquets de 10).... Coton hydrophile (paq. de 250 grammes).. Dix. Épingles de sûreté (boîtes de 12)..... Quatre. Gaze { paq. de 5ᵐ. Quatre. purifiée.{ paq. de 10ᵐ. Trois.	Feuilles de thé. Laudanum. Paquets de : Ipéca............. 1 gr. Bismuth.......... 2 gr. Chlorhydrate de quinine............. 0 gr. 50. Comprimés de chlorate de potasse....... 0 gr. 30. Paquets de 20 grammes sulfate de soude.	Médicaments pour l'usage interne.

Compartiment central :

Les dix paquets de 250 grammes de coton hydrophile, les quatre paquets de 5 mètres et les trois paquets de 10 mètres de gaze, les trois paquets de bandes en coton fin, les trois bandages de corps, les quatre boîtes d'épingles de sûreté.

L'adoption de ce dispositif assigne une place à chaque médicament.

Pour éviter la perte des objets susceptibles de s'altérer à la longue, il y aura lieu de remettre chaque coffre à la pharmacie centrale tous les deux ans (sauf le cas de consommation extraordinaire).

Son contenu sera alors complètement renouvelé par des objets de fabrication récente, et ceux qui en seront retirés seront versés dans l'approvisionnement pour y être consommés dans les délivrances journalières. Les coffres réservés en magasin subiront la même opération par des mouvements intérieurs.

A chaque renouvellement la date de l'opération sera apposée sur le diagramme du coffre.

Les remplacements de peu d'importance qu'il y aura lieu de faire au cours des deux années seront effectués par les soins de l'infirmerie du centre médical de chaque flottille, ou seront l'objet d'une demande en remplacement de consommations, par application de l'article 31 de la circulaire du 3 décembre 1898.

Par suite, le coffre sera toujours maintenu au complet et le rajeunissement du matériel non consommé assuré.

Un diagramme sera collé sur la face interne du couvercle.

Le prix du nouveau coffre est de 54 francs.

DEUXIÈME PARTIE.

INSTRUCTIONS RELATIVES
À L'EMPLOI DES SUBSTANCES MÉDICAMENTEUSES
CONTENUES DANS LE COFFRE.

Usage externe.

Acide borique.. Un paquet pour 1 litre d'eau bouillie (lavage des plaies).

Acide picrique.. Chaque flacon de solution d'acide picrique permet de faire 2 litres de solution pour imbiber les pièces de gaze à appliquer sur les brûlures.

Au cas où les 2 flacons de solution picrique seraient insuffisants, faire dissoudre le contenu du flacon «acide picrique pulvérisé» dans 2 litres d'eau. Même usage.

Bichlorure de mercure. Solution : étendre d'eau la solution bichlorurée pour en faire 1 litre (lavage des plaies) *à ne pas employer pour les yeux.*

Comprimés : pour renouveler la solution bichlorurée du flacon après épuisement, prendre un comprimé, l'introduire dans le flacon vide, remplir le flacon d'eau. Agiter pour dissoudre. (A défaut d'eau douce, on pourra employer l'eau de mer du large.) Avoir soin de tenir le flacon de comprimés bien bouché; à préserver de l'humidité.

Teinture d'iode. Badigeonnages avec le pinceau (laryngites, bronchites, lumbago).

Moutarde en feuilles. Tremper une feuille dans l'eau tiède une demi-minute, appliquer pendant 10 minutes en cas de douleur, laver ensuite à l'eau tiède.

Sparadrap diachylon. Découper en bandelettes pour réunir des plaies superficielles préalablement lavées à l'eau boriquée ou à l'eau bichlorurée.

Usage interne.

Azotate de bismuth.	Un paquet de 2 grammes délayé dans un quart de verre d'eau et qui pourra être renouvelé en cas de diarrhée sans douleur.
Chlorate de potasse.	12 comprimés dissous dans un verre d'eau bouillie, pour se gargariser, ou simplement en laisser fondre dans la bouche 5 à 6 dans la journée (maux de gorge, gencives saignantes, malades).
Chlorhydrate de quinine.	En cas de fièvre survenant chez un homme qui est encore sous l'influence d'un paludisme antérieur, on pourra lui donner 2 paquets de quinine, 3 au plus.
Laudanum	10 gouttes dans un demi-verre d'eau sucrée à prendre par grandes cuillerées d'heure en heure, en cas de coliques avec diarrhée.
Poudre d'ipéca. .	Délayer 1 paquet de 1 gramme dans un quart de verre d'eau; administrer 5 minutes après, de grands verres d'eau tiède pour faciliter les vomissements (embarras gastriques par viandes altérées, coquillages).
Sulfate de soude.	Un paquet de 20 grammes dissous dans un grand verre d'eau. Prendre en 2 fois à un quart d'heure d'intervalle comme purgatif; faire suivre l'administration d'une infusion de thé léger.

Pour les pansements, plaies, brûlures, fractures, asphyxie, coup de chaleur, etc., consulter la 3ᵉ partie.

TROISIÈME PARTIE.

CONDUITE À TENIR POUR PANSER UN BLESSÉ.

Dans les cas de *plaies*, on pansera de la manière suivante :

1° Avant de toucher le blessé, on devra se laver soigneusement les mains avec de l'eau et du savon d'abord, puis avec de la solution bichlorurée étendue ;

2° Nettoyer la plaie et ses bords d'abord au savon puis à la solution bichlorurée étendue avec de petits tampons de coton qui servent d'éponge ;

3° Appliquer un pansement tout préparé qui est un pansement complet.

Si la plaie est très légère, en faire, comme il est dit plus haut, la propreté et panser avec un simple morceau de diachylon, ou bien encore étaler avec la spatule sur la plaie et ses environs de la vaseline boriquée ; recouvrir

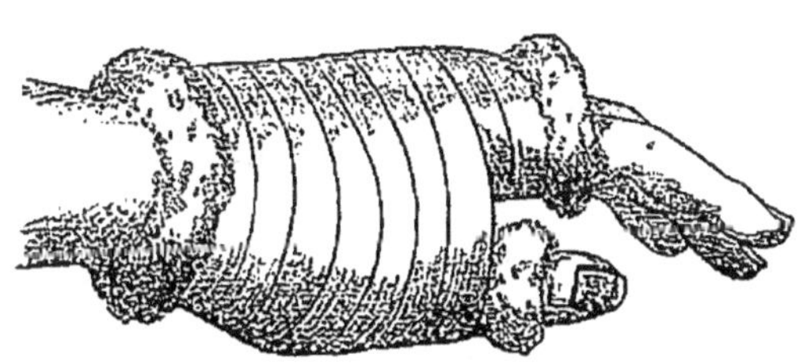

Fig. 1. — Pansement d'une plaie de la main.

avec une compresse, puis avec du coton et fixer le tout avec une bande (Voir fig. 1).

Si la plaie est compliquée d'une *hémorrhagie* sérieuse, surtout si le sang sort en jet, appliquer rapidement sur la plaie le pansement précédent, puis, sur le tout, enrouler une grande bande, en commençant par l'extrémité du membre et en remontant jusqu'à la racine. — *Serrer fortement* (voir fig. 2 et 3.)

Fig. 2. — Bandage compressif du membre supérieur
en partant de la main.

CONTUSION. — ENTORSE. — FOULURE.

Plonger la partie contuse dans de l'eau de mer froide le plus longtemps possible; si la contusion siège sur une partie du corps qu'on ne puisse plonger dans l'eau, appliquer simplement des compresses froides et les maintenir avec une bande. Mouiller de temps en temps les compresses avec de l'eau froide quand elles s'échauffent.

Fractures. On reconnaît la *fracture* d'un membre à ce que ce membre devient impuissant et quelquefois mani-

festement déformé. Le moindre mouvement provoque de
violentes douleurs.

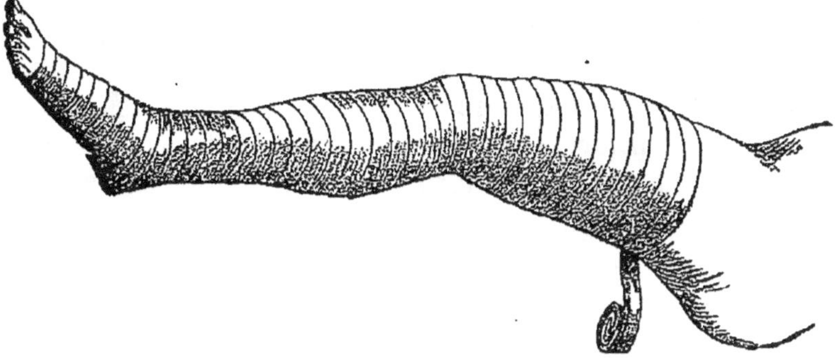

Fig. 3. — Bandage compressif du membre inférieur
en partant du pied.

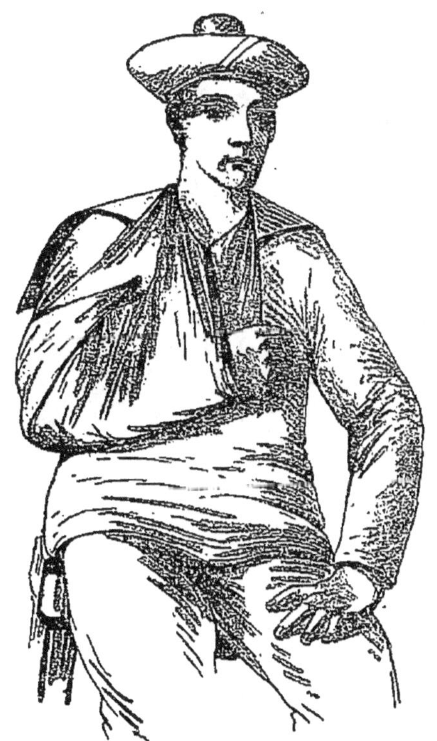

Fig. 4. — Écharpe pour soutenir et immobiliser
le membre supérieur fracturé.

La seule chose à faire, en attendant les soins d'un médecin, c'est d'immobiliser ce membre sans enlever les vêtements.

Si c'est le membre supérieur, il suffit de mettre le bras en écharpe comme l'indique la figure 4. Une serviette conviendra parfaitement pour cela.

Si c'est le membre inférieur, on entoure tout le membre de coton ; on applique en dehors et en dedans deux planchettes qu'on peut toujours se procurer à bord, et on fixe le tout avec des bandes formant liens comme l'indique la figure 5.

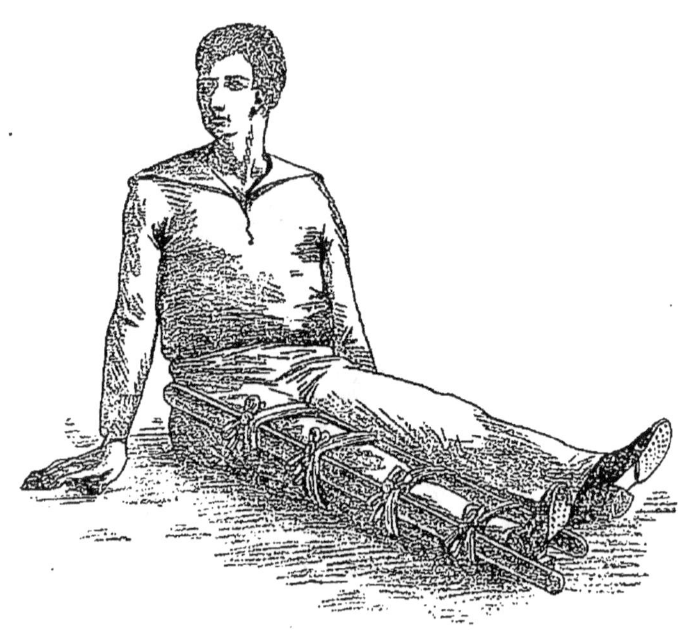

Fig. 5. — Immobilisation du membre inférieur fracturé.

Il arrive assez souvent des *fractures de côtes* par suite de chocs directs ou de chutes sur la poitrine. Le malade se plaint d'un point de côté chaque fois qu'il respire et surtout quand il tousse. En pressant avec la main à ce niveau, on provoque un éclair de douleur.

Pour faire disparaître la douleur et même traiter définitivement la fracture, il suffit d'appliquer un bandage de corps. Il faut serrer fortement ce bandage, c'est-à-dire jusqu'à ce que le malade soit soulagé et respire sans souffrance (voir fig. 6.)

Les matelots des torpilleurs sont particulièrement exposés à recevoir dans les yeux soit des escarbilles lorsqu'ils sont à la mer, soit des poussières quand ils embarquent du charbon.

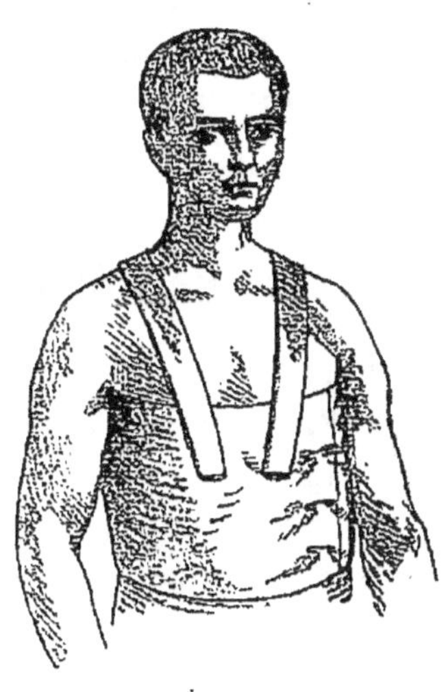

Fig. 6. — Bandage de corps appliqué pour fracture de côtes.

La présence d'un corps étranger dans l'œil cause une très grande gêne; heureusement qu'il est ordinairement facile de l'enlever.

S'il est logé sous la paupière inférieure, il suffit d'abaisser franchement la paupière avec l'index gauche; on voit le corps étranger et, avec une petite baguette de papier roulé, on peut facilement l'enlever.

Si le corps étranger est logé sous la paupière supérieure, avec le pouce et l'index de la main droite on saisit les cils de la paupière supérieure en en prenant le plus possible; on tire la paupière supérieure en avant et en bas, de manière à la porter sur la paupière inférieure et on lâche le tout. Le malade ouvre l'œil et le corps étranger, qui était collé à la face profonde de la paupière supérieure, est balayé par les cils de la paupière inférieure.

Si ces manœuvres échouent, le mieux, en attendant les soins d'un médecin, est d'appliquer sur l'œil malade un bandeau assez serré, un mouchoir plié par exemple.

Les accidents qui peuvent survenir sur un torpilleur et pour lesquels il est le plus nécessaire d'agir avec méthode sont au nombre de trois :

1° Asphyxie par submersion ;
2° Coup de chaleur ;
3° Brûlures.

I. — ASPHYXIE PAR SUBMERSION.

Les secours doivent être donnés le plus promptement possible *à tous les noyés ;* on en a vu revenir à la vie après une demi-heure d'immersion.

Ces secours doivent être continués au moins pendant deux heures avant que l'on puisse dire que le noyé a cessé de vivre.

Aussitôt que le noyé est sorti de l'eau, le déshabiller rapidement en coupant, s'il le faut, ses vêtements, l'essuyer avec du linge chaud, l'envelopper dans une couverture de laine chaude, le mettre sur le dos, la tête et les épaules légèrement relevées. Incliner légèrement la tête sur le côté droit pour favoriser les vomissements et la sortie de l'eau.

Débarrasser la bouche de l'écume qui la remplit en y passant le doigt entouré de linge.

Si les dents sont serrées, il faut s'en réjouir ; c'est un signe que le noyé n'est pas mort.

Dans ce cas, pour ouvrir la bouche, on force avec les doigts ou avec un objet quelconque, morceau de bois, manche de couteau, etc.

Cela fait, en allant très vite, pour ramener le noyé à la vie, on a deux méthodes :

1° La méthode de Silvester ou respiration artificielle ;
2° La méthode de Laborde ou tractions rythmées de la langue.

Nous allons décrire successivement ces deux méthodes ; après quoi, nous dirons comment on peut les combiner pour avoir le plus de chance possible de réussite.

1° Méthode de Silvester ou respiration artificielle.

Cette méthode consiste essentiellement en deux temps.

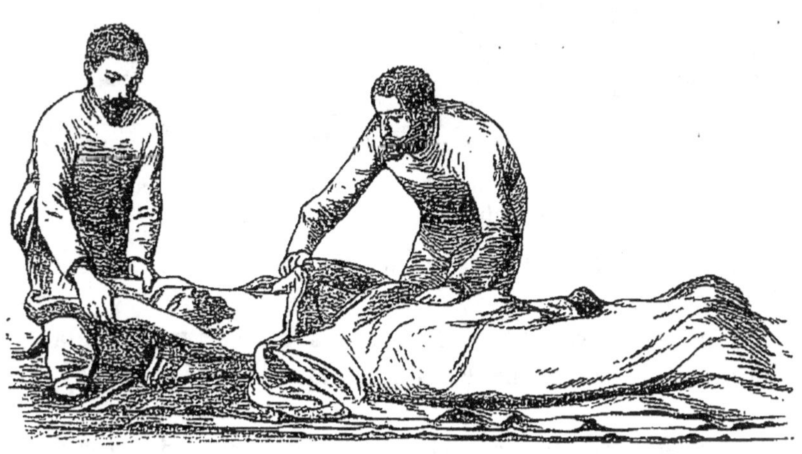

Fig. 7. — Premier temps : Élévation des bras du noyé de chaque côté de la tête.

Premier temps. — On se place à la tête du noyé et, saisissant ses bras à pleine main, on les élève lentement de chaque côté de sa tête, comme dans les exercices d'assouplissement (fig. 7).

Deuxième temps. — On abaisse lentement les bras du noyé en les repliant et en *pressant* ses coudes contre les côtés de la poitrine (fig. 8).

On recommence alternativement ces deux mouvements, lentement, autant que possible en suivant les mouvements de la respiration normale, c'est-à-dire de quinze à vingt fois par minute.

En même temps que l'on pratique la respiration artificielle, une personne fait sur tout le corps des frictions énergiques avec des morceaux de laine ou un pan de la couverture.

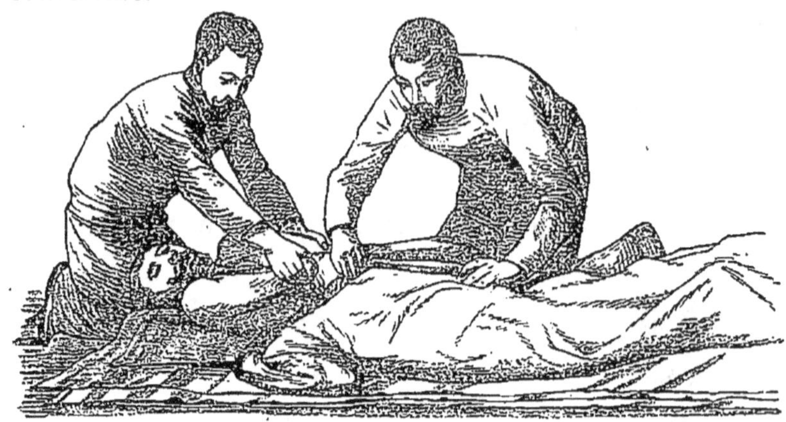

Fig. 8. — Deuxième temps : Abaissement des bras,
les coudes repliés et serrés contre la poitrine.

On réchauffe le noyé avec des briques ou des bouteilles d'eau chaudes.

Continuer avec persévérance ces manœuvres pendant deux à trois heures et ne cesser que quand le noyé revient à lui.

2° Méthode de Laborde ou tractions rythmées de la langue.

Saisir solidement la partie antérieure de la langue entre

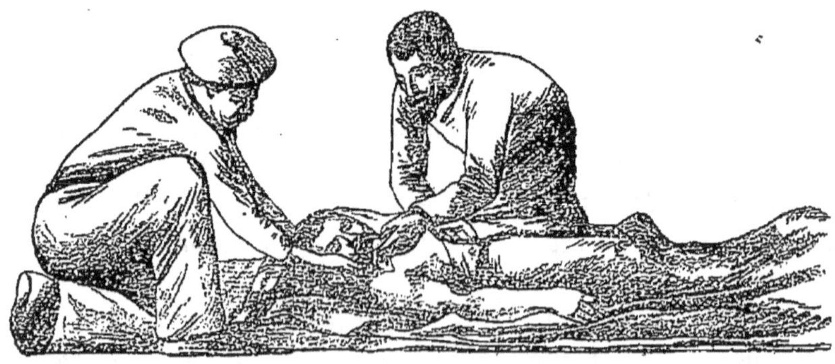

Fig. 9. — Méthode de Laborde : tractions rythmées de la langue.

le pouce et l'index de la main droite en interposant un linge quelconque pour empêcher le glissement.

Exercer sur la langue de fortes tractions répétées, suc-
cessives, cadencées ou rythmées, suivies de relâchement.
à raison de quinze à vingt tractions par minute (fig. 9).

Combinaison des deux méthodes.

La méthode de Silvester est ancienne; elle a donné de
bons résultats. La méthode de Laborde est toute récente;
elle a également donné de bons résultats.

Dans la pratique, quand on emploie la méthode Laborde,
il faut avoir en elle une robuste confiance; car on peut tirer
la langue longtemps sans qu'aucun indice de succès vienne
encourager celui qui manœuvre; tandis qu'en employant
la méthode Silvester, on voit qu'à chaque instant on fait
entrer et sortir de l'air, ce qui encourage singulièrement
à persévérer.

Mais, pour augmenter les chances de réussite, rien
n'empêche de combiner ces deux méthodes.

Pendant qu'une personne placée à la tête du noyé manœuvre les bras suivant la méthode Silvester, une autre
s'accroupit à cheval sur les jambes du noyé, saisit la
langue et lui imprime les tractions rythmées de Laborde.
On a soin de faire coïncider la traction avec le mouvement
d'élévation des bras.

Enfin, lorsque le noyé a repris sa connaissance, et seu-
lement alors, on lui fait prendre un peu d'eau-de-vie ou
un verre de vin chaud; on le couche, et on l'engage à dor-
mir.

II. — COUP DE CHALEUR.

Le coup de chaleur est dû à ce que la température in-
térieure du corps s'élève trop. S'observe quand on est
longuement exposé à un soleil ardent; survient souvent
chez les chauffeurs devant les feux.

Les malades sont pris plus ou moins brusquement
d'un mal de tête excessif et de vertiges. Quelquefois sur-
viennent une excitation violente et des hallucinations; on

en a vu se jeter à la mer. Mais, le plus souvent, ce qu'on observe, c'est un accablement profond; la respiration se fait mal; il y a perte de connaissance; la peau est extrêmement chaude

L'objectif est de refroidir le malade par tous les moyens en agissant sur la peau et en rétablissant une respiration normale.

Débarrasser rapidement le malade de ses vêtements et de tout ce qui peut gêner la respiration.

Le coucher en plein air, la tête un peu élevée.

Appliquer incessamment des compresses mouillées sur la tête; flageller le ventre et la poitrine avec des linges mouillés.

Comme il s'agit de refroidir le malade, un bon moyen consiste à l'envelopper d'un drap mouillé et tordu.

Si la respiration ne se fait pas, pratiquer la respiration artificielle comme pour les noyés.

III. — BRÛLURES.

En même temps qu'une personne s'occupe du brûlé, une autre personne prépare la solution d'acide picrique pour le pansement.

Pour préparer cette solution, on verse le contenu d'un des flacons contenant la solution alcoolique (30 centilitres) dans un vase, une cuvette par exemple, et on y ajoute de l'eau ordinaire, de quoi faire deux litres. On obtient ainsi une solution voulue pour le pansement. Ces deux litres correspondent au pansement d'une brûlure de tout le corps.

La première chose à faire pour le brûlé et la plus délicate consiste à le débarrasser de ses vêtements.

Avec les ciseaux, on coupe les vêtements de manière qu'ils tombent pour ainsi dire d'eux-mêmes.

Il ne faut jamais tirer sur les vêtements.

Les parties brûlées étant au jour, il faut avec une aiguille, passée préalablement à la flamme, crever les cloches (phlyctènes) pour faire écouler le contenu.

On coupe dans la gaze purifiée de quoi recouvrir ample-
ment — après l'avoir pliée en quatre — la partie du corps
que l'on panse.

On trempe cette pièce de gaze dans la solution picri-
quée préparée; on l'exprime légèrement, suffisamment
pour ne pas inonder le malade, et on l'applique sur la
brûlure.

On prépare alors le coton. Ce coton étant comprimé, il
est nécessaire de l'étaler avec méthode.

Fig. 10. — Pansement de brûlures du thorax et du bras droit.

Pour cela, on coupe les liens des paquets; on développe
les paquets comme un accordéon et bientôt on se rend
compte qu'il est facile d'étaler le coton en plaques.

On entoure de coton la gaze déjà appliquée.

Un paquet suffit et au delà pour panser un membre.

Il ne reste plus qu'à maintenir le coton.

Pour le tronc, on se servira d'un bandage de corps.

Pour les membres, on enroulera une bande en commençant par l'extrémité du membre.

Voir la figure 10 représentant le pansement appliqué sur un marin atteint de brûlures du thorax et du bras droit.

Les victimes de brûlures ont une soif très vive en même temps qu'elles se refroidissent. Ce qu'il y a de mieux à leur donner, c'est une boisson légèrement excitante, par exemple du thé léger chaud.

www.ingramcontent.com/pod-product-compliance
Lightning Source LLC
LaVergne TN
LVHW010126060726
842524LV00005B/1751